Süd | Gelände | Große Nord | Potsdam | Große Süd | Große Nord | Niemegk | Rückpro

Behausung Geiz | Luxushotel

Goldheller 1:7 | Goldheller vereist | Goldheller / Spiegeltrick | Vorbereitung | Freies Feld | Einrichten | Enge Gasse | Verladen | Treppenflure | Einrichten u. Einleuchten | OSTERN | 1. MAI | Einrichten u. Einleuchten | Probe | Küche | Verladen | Eisenbahnlinie | 1. Lok u. 5. Waggon

Heute war ich gut, der Kameramann hat mich gelobt.

War das ein verrückter TAG!

Ich kann mir nicht vorstellen, daß das mal ein richtiger FILM wird!

Hauptdarstellerin gesucht

Hauptdarstellerin gesucht

Wie ein Film entsteht

Geschrieben von Sonja Kühne

Fotografiert von Barbara Koeppe

Verlag
Junge Welt
Berlin

Wie alles begann

Das kann doch nicht wahr sein, hab ich gedacht, als wir hier ankamen. Eine riesenlange Schlange, vielleicht zweihundert Mädchen, und gesucht wird ein einziges Mädchen für eine einzige Filmrolle! Begonnen hat alles mit dieser Annonce. Es war eine typische Idee meiner Freundin Kerstin. Und Grit war natürlich auch gleich dafür:

Wir gehen nur mal hin, um zu sehen, wie so was läuft. Und ich habe mich überreden lassen, weil ich wieder zu spät kapiert habe, warum sie mich mitnehmen wollten. Als Kontrastprogramm sozusagen! Damit sie groß rauskamen. Die beiden sehen nämlich viel besser aus als ich, leider. Grit hat eine ganz tolle Figur. Na, und Kerstin, mit ihren langen blonden Haaren. Dagegen komm ich mir immer wie eine graue Maus vor. Wenn ich Glück habe, merken die lieben Erwachsenen, daß ich schon Jugendweihe hatte und fünfzehn bin. Aber die meisten sagen «du» und «na, Kleene» zu mir. Nicht, daß mich das stört... Im allgemeinen bin ich ganz zufrieden mit mir. Viele finden, daß ich ein prima Kumpel bin. Und wenn irgendwas los ist in unserer Klasse, dann kommen sie meistens zu mir. Ja, ich habe eigentlich viele Freunde. Nur... einen richtigen Freund, so wie Kerstin und Ines, habe ich nicht. Grit hat schon den dritten in diesem Schuljahr. Die fällt aber auch in jeder Disko auf. Ich dagegen: Sommersprossen, Mund zu groß, Augenfarbe irgendwie grau und grün, und mit den Haaren ist auch nicht viel los. Außerdem habe ich nie die schicken Sachen, die gerade Spitze sind: Stulpenstiefelchen, Jeans und so. Deshalb bin ich hier auch falsch. Hier, in der großen Mädchenschlange vor dem DEFA-Atelier in der Bahnhofstraße von Köpenick. Jetzt sind nur noch vier vor uns. Ich glaube, mir wird schlecht. Ja, das ist die Idee. «Mir wird schlecht, ich haue ab», sage ich leise zu Grit. Die hört nicht zu, denn in diesem Moment öffnet ein bedeutend aussehender Mensch – Bart, dunkle Brille – die Tür: «Und bitte gleich die nächsten fünf Damen!» Er schiebt mich hinter den vier Mädchen in den Nebenraum.

VEB DEFA Studio für Spielfilme
Herrmann-Produktion
Tel. Potsdam 72 32 02

sucht

Mädchen und Jungen
im Alter von 14 bis 16 Jahren
als **Darsteller** für den Spielfilm
„Die Geschichte vom Goldenen Taler"

Vorstellung erbeten **am 1. und 2. Dezember**
von 14.30–18.00 Uhr in
1170 Berlin-Köpenick, Bahnhofstraße 35
DEFA-Atelier.

Anna Barbara – Hauptrolle gesucht

Fünf Stühle in einer Reihe. Da sitzen wir nun – wie Hühner auf der Stange. Uns gegenüber ein Tisch mit drei Leuten, wie eine Prüfungskommission. Eine Frau, die könnte auch Lehrerin sein oder Sekretärin. Dann so ein mittelalterlicher Typ, absolut lässig, kariertes Hemd. Sieht aus wie einer von Vaters Bergsteigerkumpels, tut gelangweilt, guckt aber so richtig mit System die Reihe entlang. Und dann der bedeutende Mensch, der uns reingelassen hat. Das ist bestimmt der Regisseur. So sehen die aus, ganz klar.

«Würden Sie bitte Ihren Namen nennen, wie alt Sie sind, was Sie lernen. Ob Sie schon in einer Laienspielgruppe oder in einem Arbeitertheater gespielt haben.»

Blödsinn. Die wollen doch nur, daß wir was sagen. Die alberne Gans neben mir fällt prompt darauf rein und erzählt, daß sie schon immer Schauspielerin werden wollte. Wer weiß, wie oft die Leute das schon gehört haben. Peinlich das Ganze! Jetzt ich: «Antje, fünfzehn Jahre. Ich will nicht Schauspielerin werden, und hier bin ich nur, weil... Also, ich bin nur mit meinen Freundinnen mitgegangen.»

«Das heißt, du würdest gar nicht in

unserem Film spielen wollen, im ‹Goldenen Taler?›» fragt so ein Junger vom Fenster herüber. Der sieht richtig gut aus, aber daß er sich hier so einmischen darf?! Der ist doch bestimmt noch Student – oder vielleicht Schauspieler? «Nein, nein, ich…» Jetzt stottere ich auch noch. «Es war nur so eine verrückte Idee von meinen Freundinnen, die warten noch draußen. Sie wollen unbedingt mitspielen. Entschuldigen Sie bitte!» Ich stehe auf, bloß raus hier. Den Jungen finde ich gut, jetzt kommt mir das Ganze noch viel alberner vor. Er reagiert aber gar nicht darauf und winkt dem bedeutenden Menschen: «Schreiben Sie ihre Adresse mit auf, für Probeaufnahmen.» Der muß hier wirklich was zu sagen haben, denn der ältere Typ, der Bergsteigerkumpel, nickt.

Vom Märchen zum Szenarium

Ich war wirklich zu diesen Probeaufnahmen. Aber seitdem sind drei Wochen vergangen, und ich habe nichts wieder von den Filmleuten gehört. Kein Wunder, da waren außer mir noch zwölf Mädchen, und leider sahen die auch alle sehr gut aus. Immerhin sind Grit und Kerstin vor Neid fast geplatzt. Trotzdem haben sie sich an unser Ehrenwort gehalten und niemandem von der Sache erzählt. Nur Mutter weiß es und Frau Marek, unsere Deutschlehrerin. Ich habe mir nämlich von ihr die «Geschichten aus der Murkelei» von Hans Fallada geborgt. In dem Buch steht das Märchen vom «Goldenen Taler». Das Szenarium mußte ich schon für die Probeaufnahmen lesen. Deshalb hat mir Frau Marek ein Vortragsthema vorgeschlagen: Vom Märchen zum Filmszenarium. Sie meint, dann käme wenigstens für alle etwas Nützliches dabei heraus, denn ein Szenarium ist so was wie ein Drama, und das haben wir in der achten Klasse behandelt.
Hans Fallada erzählt die Geschichte eines sehr armen Mädchens, Anna Barbara, das nach dem Tod seiner Großmutter allein ist. Die Großmutter hatte ihr gesagt, sie müsse den goldenen Taler suchen, denn wer den goldenen Taler besitze, dem gehe es gut. Anna Barbara trifft einen wunderlichen Kauz, der Hans Geiz heißt und behauptet, den Taler zu besitzen. Er zieht mit seinem Pferd, dem Schimmel «Unverzagt», durch die Welt und sammelt alles, was die Menschen weggeworfen haben. Er lebt von Abfällen und ist so geizig, daß er sein Pferd im Winter mit Schnee bedeckt und einfriert, um Stall und Futter zu sparen. Er verspricht Anna Barbara den Taler, wenn sie ihm drei Jahre dient. So kommt sie in die unterirdischen Höhlen, wo Hans Geiz sein Geld aufbewahrt, und muß seine Kupfer-, Silber- und Goldmünzen putzen. Hier hält

Die Hauptdarsteller: Anna Barbara, Schimmel «Unverzagt», Hans Geiz und…

Martin – als Putzmännchen

Hans Geiz auch den Jungen Martin gefangen, den er in ein winziges Männlein verzaubert hat. Dieses Putzmännchen muß das Putzwasser scharf machen, mit dem Anna Barbara das Geld putzt. Erst als sie mit dem Putzmännchen Mitleid hat, kann sie es erlösen und auch den goldenen Taler gewinnen.
Ein Szenarium ist ähnlich wie ein Theaterstück geschrieben. Es ist in Szenen oder Bilder gegliedert, und am Anfang jedes Bildes wird beschrieben, wo es spielt und wie es da aussieht. Das Wichtigste aber ist der Dialog. In einer Erzählung oder in einem Märchen erfahren wir auch, was die Personen denken und fühlen. In einem Szenarium kann nur erzählt werden, wie sie handeln und was sie sprechen. Das Szenarium vom «Goldenen Taler» haben Autoren, die in unserem Land und in unserer Zeit leben, für Kinder von heute geschrieben. Sie haben mit ihren Lebenserfahrungen das Märchen für den Film nacherzählt. Nacherzählen bedeutet, eine bekannte Geschichte noch einmal zu erzählen und sie dabei mit einer ganz bestimmten Absicht zu verändern. Die Geschichte spielt in der Zeit der Weltwirtschaftskrise Ende der zwanziger Jahre unter Proletarierkindern, denen es damals besonders schlecht ging – Anna Barbara ist eine von ihnen. Mit ihrer Großmutter, einer Wäscherin, lebt sie in einer armseligen Behausung. Als die Großmutter gestorben ist, hungert und friert das Mädchen, denn es ist niemand da, der für sie sorgt. Deshalb will sie am Anfang um jeden Preis den Taler haben, weil sie weiß, daß es nur den Reichen in dieser Welt gut geht. Am Ende verläßt sie ohne den goldenen Taler den reichen Hans Geiz, denn sie hat am eigenen Leibe erfahren, daß Geld und Gold nicht glücklich machen. Hans Geiz nämlich mit seinem goldenen Taler ist lieblos und einsam, weil er böse und hartherzig geworden ist im Kampf um das Geld.
Für den Vortrag habe ich eine Eins bekommen, und richtig Spaß gemacht hat es außerdem, so daß ich schon gar nicht mehr oft an die Filmleute gedacht habe. Heute wurde ich plötzlich zu Tuzek, unserem Direktor, bestellt. Er hielt mir einen Brief entgegen und schnaufte vor Empörung: «Freistellung... mehrere Wochen... für den Film..., und das in der Zehnten! Nicht einmal für leistungsstarke Schüler gibt es das, und ausgerechnet du...» Plötzlich hatte ich begriffen: Die Filmrolle, ich hab die Hauptrolle, soll die Anna Barbara spielen! Von 300 Mädchen haben sie mich ausgewählt, mich, die Antje aus der 10a!
Wütend warf Tuzek den Brief mit dem Kopfbogen «DEFA Studio für Spielfilme» auf seinen Schreibtisch. Damit war die Sache für ihn erledigt. Das ist ungerecht. Ich stehe in allen Fächern auf Zwei, in Deutsch und Kunsterziehung auf Eins, nur in Mathe – und das haben wir leider bei ihm – hänge ich ein bißchen. Aber irgendwie bin ich ganz sicher, ich werde spielen. Der Regisseur ist nämlich der Junge, er macht den Chef, und der packt das!

Ich spiele die Anna Barbara

Ich hab's gewußt, ich hab's gewußt: Er schafft es. Heute hat der Aufnahmeleiter, das ist der Mensch, der so bedeutend aussieht, bei meinen Eltern angerufen: Ich darf spielen! Wie es gelaufen ist, weiß ich nicht. Ganz hohe Stellen, mindestens ein Minister, mußten ihre Zustimmung geben. Und ich bekomme einen Mathelehrer ganz für mich allein. Das hat Tuzek verlangt. In der Klasse war mächtige Aufregung, als es alle erfahren haben. Sie wollten alles mögliche wissen, wie so ein Film entsteht zum Beispiel. Deshalb hat unsere Deutschlehrerin gesagt, ich soll alles aufschreiben, was ich beim Film erlebe.

Das Drehbuch

Jetzt habe ich das Drehbuch bekommen. Das ist das Arbeitsbuch für alle Mitarbeiter. Jeder muß im Drehbuch lesen können, was er bis zum Drehbeginn vorzubereiten hat. Damit ich einigermaßen begreife, was die Anweisungen bedeuten, hat mir der Regisseur das Wichtigste erklärt, denn er hat das Drehbuch geschrieben. Er hat sich überlegt, mit welchen Bildern er seinen Film erzählen will. Er legt fest, was er groß oder klein, lange oder nur kurz zeigen will, und bestimmt damit, was der Zuschauer als wichtig und bedeutungsvoll empfinden soll oder was nur ganz schnell vorüberhuscht. Das nennt man auch den Rhythmus eines Filmes. Der Regisseur berät sich bei der Arbeit am Drehbuch mit dem Kameramann, denn der «macht» ja die Bilder, das heißt, er läßt den Zuschauer die Welt so sehen, wie er sie mit der Kamera eingefangen hat.
Das verstehe ich. Es ist anders als im Theater. Dort kann ich mir aussuchen, ob ich dem Schauspieler ins Gesicht schaue oder ob ich die ganze Bühne betrachten will. Beim Film dagegen sehe ich die Wirklichkeit mit den Augen der Kamera. Das nennt man die optische Auflösung eines Filmes.

47. Bild

Kupferkeller 99 NM

Atelier - Innen - Nacht

Pers.: Anna Barbara, Putzmännchen
Kamera: Cameflex (Spiegeltrick)
Pyro.: Putzwasserbrodeln, Rauch, Preßluft

E 236 HM 2 m
blanke Kupfermünzen werden ins Faß gekippt.

E 237 HT 1:7 Dekoration 10 m
Das Putzmännchen sitzt auf dem Rand des Fasses, baumelt mit den Beinen und findet sich schön. Es hat sich sogar Pomade ins Haar geschmiert und sich einen schnurgeraden Scheitel gezogen. Vor ihm fallen Münzen in das Faß.
Anna Barbara macht eine Münze blank, sagt anerkennend zum Putzmännchen, off, dabei setzt sie sich nieder von ihrem Gang zum Faß: Du hast das Putzwasser heut prima scharf gemacht.

Das Putzmännchen ruckt geschmeichelt mit den Schultern, sagt: Ich weiß, was du sagen willst.

Für jedes Bild ist festgelegt, wo es spielt, z. B. Kupferkeller, Atelier – innen – Nacht. Das heißt, die Dekoration, der Kupferkeller, ist im DEFA-Atelier in Babelsberg aufgebaut. Im Gegensatz dazu steht bei manchen Bildern: Original. So wissen alle, daß der Drehort außerhalb des Ateliers in Häusern, Straßen oder in der Natur ist. Dann muß man noch wissen, ob das Bild bei Tag oder bei Nacht spielt. Das ist vor allem für die Beleuchtung wichtig. Außerdem ist festgelegt, wie lang jedes Bild werden soll. Das wird nicht in Minuten, sondern in Metern ausgedrückt, d. h., wieviel Filmmeter gedreht werden, z. B. 99 m für das 47. Bild.
Jedes Bild besteht aus vielen Kameraeinstellungen, das sind Abschnitte, die ohne Unterbrechung gedreht werden.

Und bei jeder Einstellung legt der Regisseur fest, wie lang sie werden darf, also 2 m, 10 m oder 3 m, das nennt man die Metrage eines Filmes. Unser Film wird 2500 m lang sein, das sind etwa 90 Minuten Spielzeit. Manche Einstellungen sind ausführlich beschrieben, obwohl es im Film nur Augenblicke sein werden. Wenn man sich aber etwas in Ruhe betrachten soll, dann dreht man eine lange Einstellung. So ist die letzte Einstellung, 60 m lang: Anna Barbara, Martin und der Schimmel gehen in die Landschaft hinein, sie werden immer kleiner, bis sie am Horizont verschwinden.
Hinter jeder Einstellung steht: T, HT, HN, N, D, G, das heißt Totale, Halbtotale, Halbnah, Nah, Detail oder Groß – so wird der Bildausschnitt bezeichnet, den die Kamera erfaßt. Ganz klar, das ist im Prinzip wie beim Fotografieren.

Zum Beispiel:

E 141 Nah:	A. B. erschrickt 2 m
E 142 Nah:	Der kläffende Hund 2 m

Das kann man sich gut vorstellen. Groß wird mein erschrockenes Gesicht zu sehen sein.

Das Gegenteil ist die Totale:
E 94 Totale: Straße

Die Kamera erfaßt die ganze Straße. Hinten kommt Hans Geiz ins Bild gefahren...

Regisseur und Kameramann bei der Arbeit am Drehort

Maske und Kostüm

Immer wieder habe ich unseren Regisseur nach Hans Geiz und dem Putzmännchen Martin gefragt. Hans Geiz wird von einem richtigen Schauspieler dargestellt. Der wird sich bestimmt nicht um mich kümmern. Aber mit dem Jungen, der das Putzmännchen spielt, wird man ja wenigstens reden können. Jedenfalls soll ich die beiden bei der Kostüm- und Maskenprobe kennenlernen. Ehrlich, wenn ein paar Kumpels aus meiner Klasse dabei wären, würde ich mich viel wohler fühlen.
Kostüm- und Maskenprobe!
Also, was mich betrifft, kann man das voll vergessen. Es fing damit an, daß der Regisseur so ganz nebenbei bemerkte: «Ach ja, und dann schneiden wir dir noch die Haare ab.» Das hat mich fast umgehauen. Drei Jahre habe ich sie wachsen lassen. Und er sagt das so, als wäre gar nichts dabei. Fast hätte ich losgeheult, doch dann dachte ich: Bring's schnell hinter dich, Antje, und bin abgetrabt in die «Maske», so nennen sie den Arbeitsraum der Maskenbildner. Als die Haare abgeschnitten waren, dachte ich, daß sie mich ganz toll schminken. Doch auch daraus wurde nichts. Ich soll so bleiben,

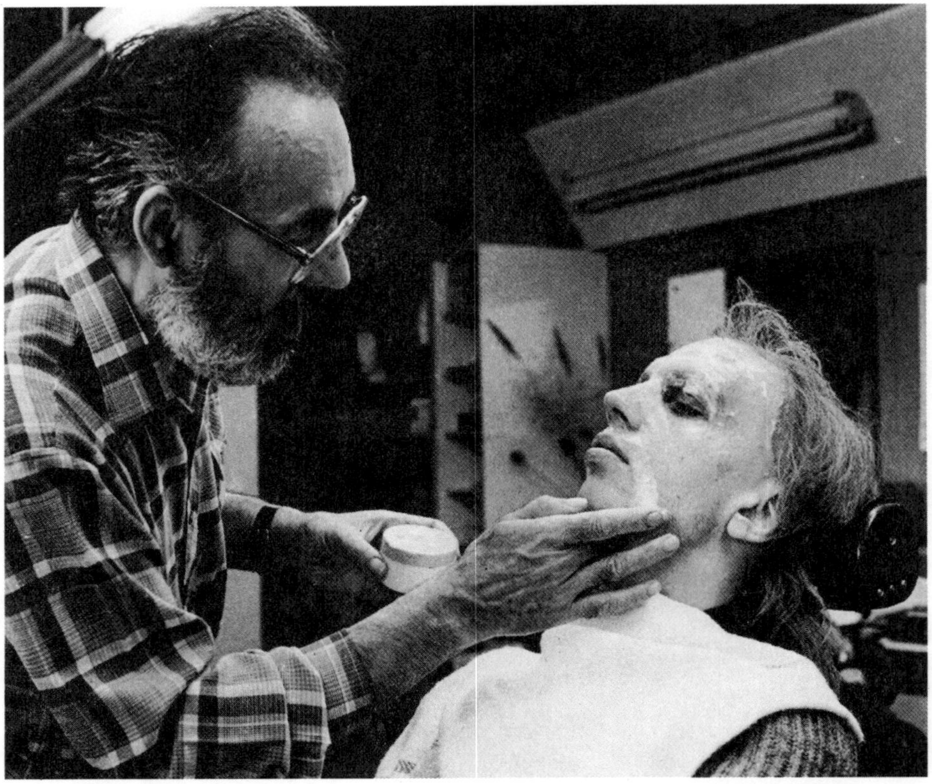

wie ich bin, hat der Regisseur den Maskenbildnern gesagt. Und ich wollte so gern mal richtig schön sein. Aber mir wurde nur ein bißchen die Nase gepudert, damit sie nicht glänzt. Sogar die Sommersprossen soll man sehen.
Und mit dem Kostüm ging's mir nicht viel anders. Na klar, ich spiele ein ganz armes Mädchen, das keine rauschenden Ballkleider besitzt. Doch daß ich im ganzen Film nur ein einziges schäbiges Kleid, dicke Wollstrümpfe und alte ausgetretene Schuhe anhabe, ist trotzdem schade. Mein Regisseur allerdings findet mich, so wie ich bin, schön. Deshalb habe er mich schließlich ausgewählt, sagt er. Ob er das ernst meint?
Weil ich von meiner Kostümprobe so enttäuscht war, durfte ich zusehen, wie Hans Geiz seine Maske bekam und sein Kostüm probierte. Die Maskenbildner hatten sich sehr lange mit dieser Maske beschäftigt, denn der Regisseur hatte ihnen gesagt: «Hans Geiz soll von einem jungen Mann gespielt werden, damit glaubhaft ist, daß er sich in Anna Barbara verliebt. Gleichzeitig aber soll er uralt, vertrocknet, zeitlos wirken, denn er ist ja kein richtiger Mensch, sondern ein Fabelwesen.» Das war die Aufgabe, und nun erlebte ich, wie die Maske entstand.
Mit Gummimilch, einer Art Faltenpaste, wurde das ganze Gesicht

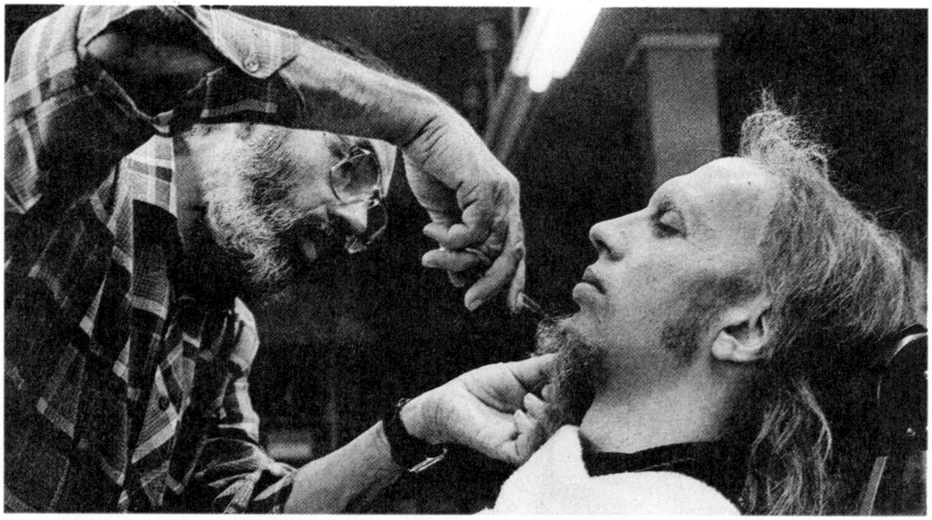

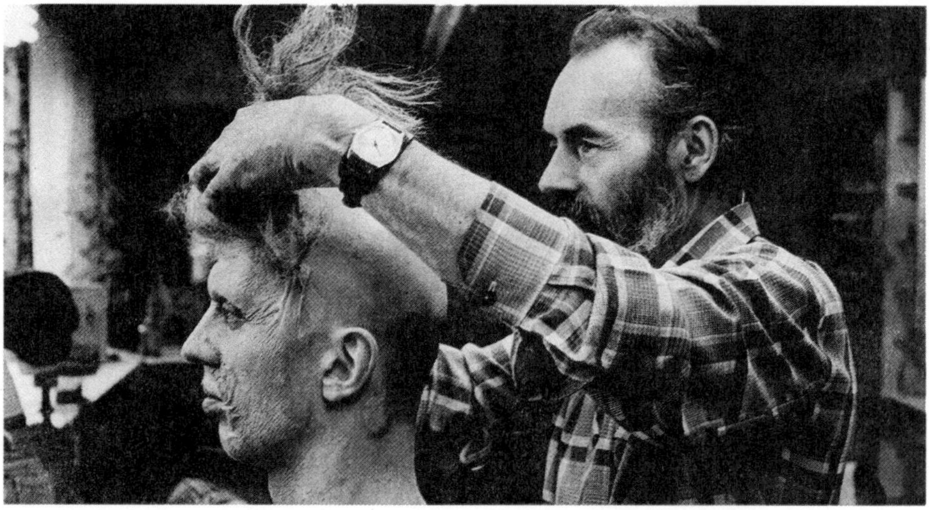

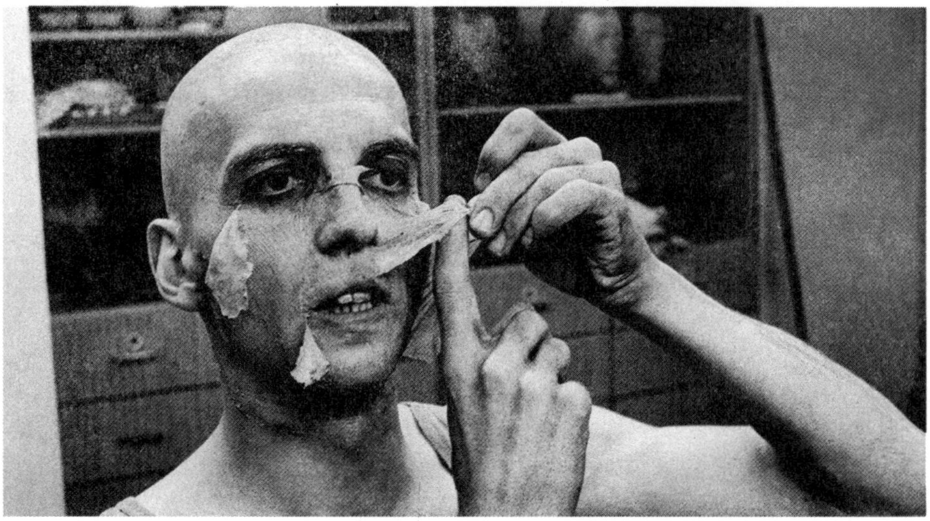

Seite 10/11
So entsteht die Maske des Hans Geiz. Viel schneller geht das Abschminken.

überzogen. Diese Gummipaste muß eine feste, aber bewegliche zweite Haut auf dem Gesicht bilden. Sie wird weit über den eigenen Haaransatz gezogen. Deshalb wurde dem Schauspieler eine Glatze geschoren. Absolute Glatze! So muß er nun fast ein halbes Jahr herumlaufen. Der Maskenbildner hat ihm zwar für den Alltag eine hübsche Perücke gemacht, aber die trägt er nicht. Er findet, das gehöre zum Beruf des Schauspielers. Na, ich weiß nicht, wenn sie das von mir verlangt hätten?!
Erst als die Gummihaut getrocknet war, konnte weiter geschminkt werden. Hans Geiz schnitt dabei Grimassen, damit die zweite Haut nicht zu straff antrocknete. Dann wurden die Augenbrauen abgedeckt, und das ganze Gesicht bekam mit Schminke und Puder einen kalkig schmutzig-grauen Ton. Augenhöhlen und Nase wurden durch dunkle Schatten knochig hervorgehoben. Zuletzt wurde der Bart angeklebt und zurechtgeschnitten. Das alles dauerte anderthalb Stunden. Und ich fand es wahnsinnig interessant, wie unter den Händen des Maskenbildners ein neues Gesicht, ein anderer Mensch entstand.
Mir gefiel die Stille in der «Maske», eine konzentrierte Ruhe. Der Maskenbildner arbeitete schnell, zügig, aber ohne Hast. Hans Geiz sagt: «Manchmal stehen fünfzig Leute unten im Atelier und warten, daß die Maske eines Schauspielers fertig wird, aber niemand würde wagen, den Maskenbildner zu drängen, denn eine solche Maske ist ein richtiges Kunstwerk.» Die Schauspieler lieben diese Atmosphäre in der «Maske». Vor der Aufregung, die manchmal am Drehort herrscht, ist das die letzte ruhige Oase, wo sie sich auf die Rolle einstellen, auf die Figur konzentrieren können, während ihr neues Gesicht entsteht. Auch deshalb sind Hektik und Nervosität aus der Maske verbannt.
Und nun das Kostüm! Der Kostümbildner hatte die Figurine gezeichnet, so nennt man den Entwurf, nach dem die Schneider den Anzug genäht haben. Das Kostüm muß die Figur charakterisieren, d. h., bei Hans Geiz muß es vor allem erkennen lassen, daß er geizig ist, deshalb ist seine Kleidung alt und schäbig. Doch das Kostüm muß auch der Mode der Zeit entsprechen. Das alles muß der Kostümbildner bedenken. Hans Geiz hat nun ausprobiert, wie er mit den Hüten und Jacken spielen kann. «Man muß sich reinfühlen, mit dem Kostüm zusammenwachsen», hat er gesagt.
Endlich kam das Putzmännchen, d. h. Dirx, der Junge, der das Putzmännchen spielt. Er ist größer als ich! Wie soll der bloß im Film so klein erscheinen? Ich wollte rauskriegen, ob er den Trick versteht. Immerhin soll ich ihn in die Schürzentasche stecken. Dirx redete so, als wisse er bestens Bescheid, aber richtig erklären konnte er es mir auch nicht. Er gibt ein bißchen an, tut so, als sei das sein zehnter Film, aber sonst scheint er ganz in Ordnung zu sein.

Die Figurine des Hans Geiz

Richtig gut finde ich den Schauspieler, der den Hans Geiz spielt. Er hat mir erzählt, daß das seine erste große Filmrolle ist, und er meint, daß uns der Film bestimmt Spaß machen wird. Spaß? Wenn der wüßte, was ich für eine Angst vor dem ersten Drehtag habe. So ein Drehstab, das sind fast 50 Leute, und die gucken alle auf mich. Wenn ich daran denke, wird mir ganz flau in der Magengegend.

Seite 13
Die Kostümprobe, bei der das Kostüm endgültig ausgewählt wird

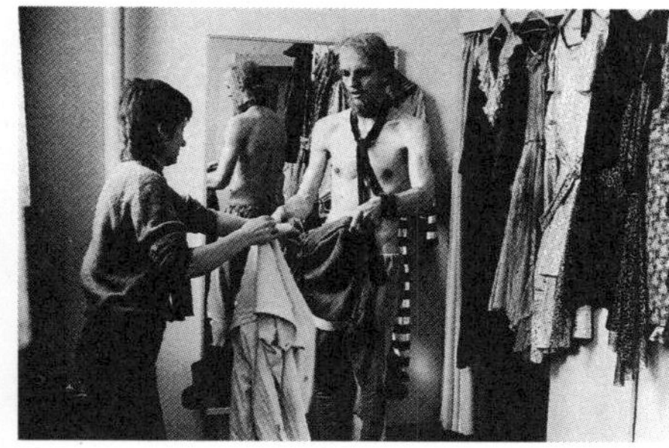

Der erste Drehtag

Heute war endlich mein erster Drehtag. Ich war furchtbar aufgeregt. Als wir am Drehort ankamen, hatten die Männer von der Technik schon mehrere Stunden gearbeitet. An diesem Tag sollte gedreht werden, wie Anna Barbara mit Hans Geiz auf dem Schlitten fährt. Dazu mußten die Straße und die Häuser so hergerichtet werden, wie es Ende der zwanziger Jahre ausgesehen hat. Es durften also keine Fernsehantennen, moderne Straßenleuchten, Werbung usw. aus unserer Zeit zu sehen sein. Das bauten die Techniker ab und brachten alte Ladenschilder und Laternen von früher an.
Dann legten sie Schienen für die Kamera. Wenn eine Kamerafahrt im Drehbuch steht, kann die Kamera nicht übers Straßenpflaster holpern, da würde später im Film das Bild verwackelt aussehen.
Unsere Szene spielt im Winter. Hans Geiz fährt mit dem Schlitten, steht im Drehbuch. Von Schnee war jedoch weit und breit nichts zu sehen, statt dessen stand ein Feuerwehrauto herum, und ich überlegte, ob irgendwo etwas von einem Brand gestanden hatte. Da winkte mir unser Szenenbildner: «Willst du zusehen, wie ‹einge-

schneit› wird?» Natürlich wollte ich. Mir blieb vor Staunen der Mund offenstehen: Die Feuerwehr machte den Kunstschnee. Ein Feuerwehrmann erklärte es mir: Eine Seifenlauge wird unter starkem Druck aufgeschäumt. 200 Liter Lauge wurden an diesem Morgen für eine Straßenecke gebraucht. Dieser Schnee kann nicht für alle Szenen verwendet werden, denn er brennt wie starke Seifenlauge auf der Haut. In Szenen, wo sich Kinder im Schnee balgen oder wenn der Schimmel mit Schnee bedeckt wird, muß deshalb Piatherm, ein Kunststoffpulver, genommen werden.

Seite 14/15
Verschiedene Drehorte werden mit künstlichem Schnee bedeckt.

Schaumschnee wird aber jetzt am meisten verwendet, weil er sich nach einigen Stunden auflöst, ohne die Umwelt zu schädigen. Auch daran müssen die Filmemacher denken. Jedenfalls war es phantastisch, wie die Straße in wenigen Minuten «eingeschneit» wurde. Wenn alles fertig ist, heißt es: Der Drehort ist eingerichtet. Der Drehort ist nicht etwa der ganze Ort, sondern nur die Straßenecke oder das Stückchen Landschaft, das die Kamera zeigen wird. Deshalb muß der Szenenbildner den Technikern vorher genau sagen, was «im Bild» ist.
Obwohl die Vorbereitungen abgeschlossen waren, standen furchtbar viele Leute herum. So ein Drehstab besteht aus vierzig bis fünfzig Mitarbeitern, die alle ganz bestimmte Aufgaben haben: Der wichtigste Mann ist natürlich der Regisseur. Er arbeitet vor allem mit den Schauspielern und mit dem Kameramann. Mit den Schauspielern probiert er, und mit dem Kameramann berät er, ob alles richtig «im Bild» ist. Die Regieassistenten müssen auf die Kleindarsteller achten und auf die richtigen Anschlüsse, d. h., es muß bei der folgenden Szene alles genauso aussehen wie bei der vorangegangenen. Alle Kleinigkeiten müssen sie aufschreiben und wissen.
Der Kameramann, der zweitwichtigste Mann am Drehort, «macht» die Bilder, deshalb ist er für den Standort der Kamera und für das richtige Licht verantwortlich. Die

Kameraassistenten, der Beleuchtungsmeister und die Beleuchter hören auf sein Kommando.
Der Tonmeister und sein Assistent nehmen jeden Ton – Sprache und Geräusche – auf.
Der Szenenbildner und seine Assistenten sind dafür verantwortlich, daß alles am Drehort genauso aussieht, wie es das Drehbuch vorschreibt.
Die Requisiteure haben dafür zu sorgen, daß die Schauspieler alle Ausstattungsgegenstände, mit denen sie in der Szene spielen müssen, auch wirklich haben.
Der Kostümbildner und die Gewandmeister achten darauf, daß die Schauspieler so angezogen sind, wie es probiert wurde.
Die Maskenbildner stehen mit ihren

Eine Einstellung wird probiert.

Schminkkästen bereit, um kurz vor dem Drehen die Masken der Schauspieler zu korrigieren.
Die Ateliersekretärin mißt mit der Stoppuhr die Länge jeder Einstellung und paßt auf, daß genau die Filmmeter verbraucht werden, die das Drehbuch angibt.
Der Filmfotograf macht schwarz/weiße Arbeitsfotos und Farbaufnahmen von den Filmszenen.
Der Aufnahmeleiter hat dafür zu sorgen, daß alle rechtzeitig am Drehort sind, er sagt die Pausen an und achtet darauf, daß Ruhe und Ordnung am Drehort herrschen.
Sie alle müssen bereit sein, wenn in letzter Minute noch etwas verändert werden muß: Wenn ein Baum, der vorher eingegraben wurde, an eine andere Stelle zu rücken ist, wenn der Kamerastandpunkt zu korrigieren ist, wenn irgend etwas plötzlich «im Bild» ist, was man nicht sehen darf.
Ich hatte meine Aufregung inzwischen fast vergessen, als es endlich hieß: «Achtung! Wir drehen!»
Es war dann auch ganz leicht, eigentlich mußte ich gar nichts machen. Ich saß auf dem Schlitten neben Hans Geiz, zusammengekrochen und frierend. Das mußte ich wirklich nicht spielen, denn es war kalt, und ich hatte ja nur ein Kleid an. So fiel für mich die erste Klappe.

Seite 17
So sieht die Szene im Film aus.

KOHLENHOF
Inh
FRITZ HORN

Die Klappe

Die Klappe sieht aus wie eine Leichtathletikstartklappe, und sie ist genauso aufregend. Wenn sie knallt, dann wird es ernst, dann muß alles klappen, was stundenlang vorbereitet wurde. Auf dem oberen Teil der Klappe steht der Titel des Filmes, Produktionsleiter, Regisseur, Kameramann, Tonmeister. Auf den unteren Teil wird die Nummer der Einstellung und die Anzahl der Wiederholungen geschrieben. Jede Einstellung wird mehrmals gedreht, nicht nur, weil der Regisseur von den Schauspielern etwas besser oder anders gespielt haben möchte, sondern auch, weil es möglich ist, daß sich ein winziger technischer Fehler eingeschlichen hat, der eine Einstellung unbrauchbar machen kann. Die Klappe wird immer mitgedreht, so erhält jedes Filmteilchen eine Art Etikett, das nie verlorengehen kann, und der Film, der aus 583 solch kleiner Stückchen besteht, kann später zusammengesetzt, geschnitten, montiert werden. Genauso ist es mit dem Ton. Alle Geräusche, alles, was gesprochen wird, wird getrennt von der Kamera vom Tonmeister auf Band aufgenommen. Deshalb sagt der Kollege, der die Klappe schlägt, auch die Nummer der Einstellung an. So weiß man dann später genau, zu welchem Filmteilchen welches Tonbandstückchen gehört.

Seite 18/19 Zwei Drehtage: Im Atelier und bei Außenaufnahmen

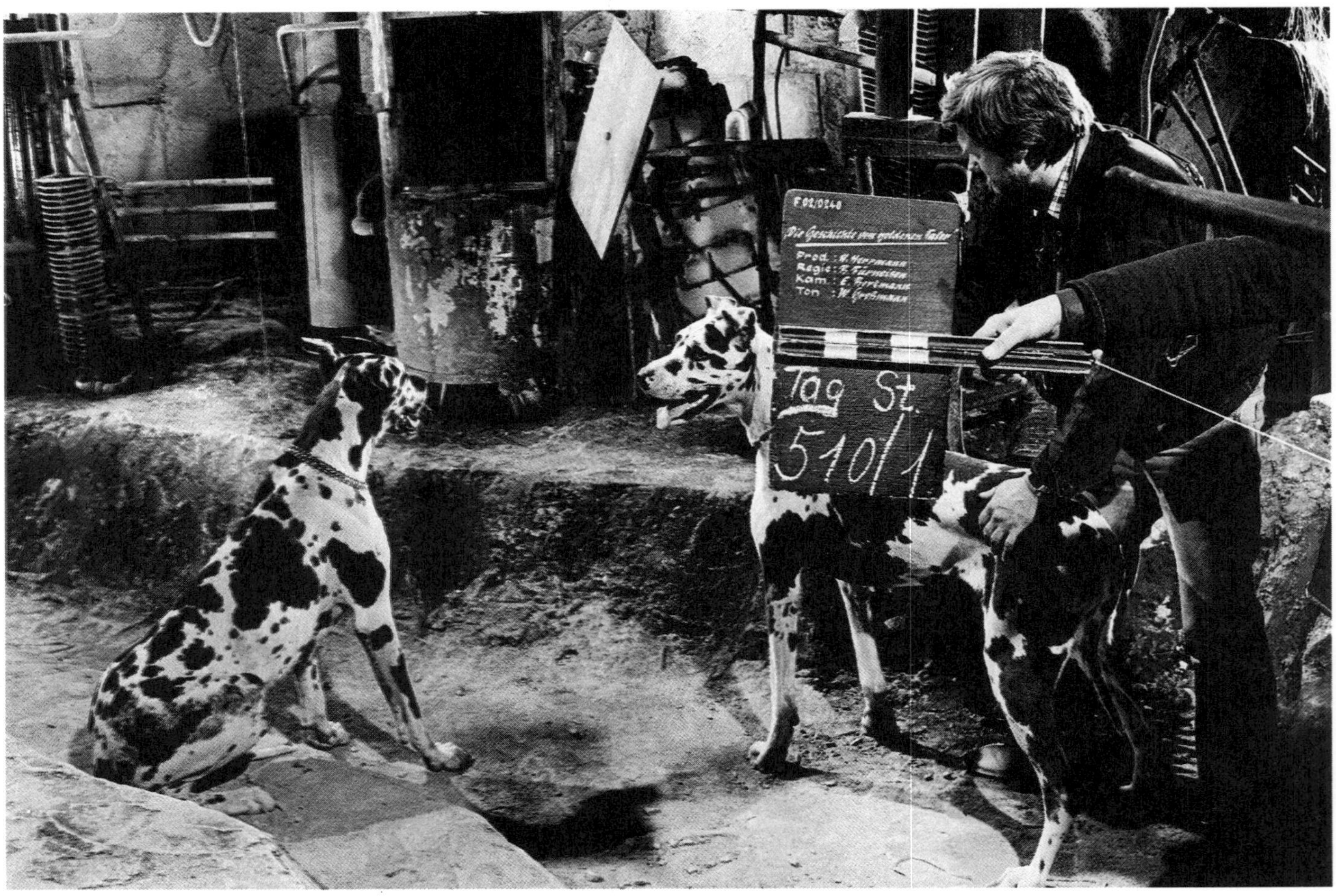

Der Drehplan

Lange bevor ein Film beginnt, macht der Produktionsleiter den Drehplan. Er muß versuchen, den Film mit möglichst wenig Geld und in möglichst kurzer Zeit fertigzustellen. Deshalb werden die Drehorte, die mehrfach im Film vorkommen, nacheinander abgedreht, egal, ob eine Szene am Ende oder am Anfang des Filmes spielt. So werden zeitraubende und kostspielige Umbauten vermieden, und der ganze große Drehstab muß nicht mehrmals anreisen. Der Produktionsleiter muß beim Aufstellen des Drehplanes berücksichtigen, wann die Dekorationen im Atelier fertig sind. So wird die größte und schönste Dekoration unseres Filmes, das Luxushotel, das Hans Geiz und ich besuchen, erst am Ende der Drehzeit fertig sein. Außerdem muß er wissen, wann die Schauspieler zur Verfügung stehen. Da hat es unser Produktionsleiter wirklich gut, denn er hat nur vier Hauptdarsteller: Dirx und mich – uns kann er Tag und Nacht bestellen, wir kommen immer, sonst müssen wir nämlich in die Schule. Der Schimmel hat auch keine weiteren Verpflichtungen. Sein einziger richtiger Schauspieler ist der Darsteller des Hans Geiz.

Im Atelier

Heute war die Szene in der Kupferhöhle an der Reihe, mein erster Drehtag im Atelier. Die Bühnenhandwerker und die Maler arbeiteten noch an den Dekorationen, in denen später gedreht wurde. Gebaut wurde im ganzen Atelier. In jeder Ecke bereitete irgendeiner irgend etwas vor. Eine grandiose Unordnung! So kam es mir jedenfalls vor, als ich von oben in die Halle hinuntersah. Ich durfte nämlich auf einen der Laufstege klettern, auf denen sich die Beleuchter bewegen. Das war aber eine große Ausnahme, und ein Mann, der «Höhenwache» genannt wird, paßte auf mich auf. Mit Sicherheit und Arbeitsschutz nehmen sie's nämlich ganz genau.
Jedenfalls war die Halle von oben kaum wiederzuerkennen. Die Kupferhöhle war fertig, da wurde gedreht. In der Silberhöhle wurde gemalert, und die Goldhöhle war noch im Rohbau. Dort konnte man erkennen, daß die düsteren Höhlen, die laut Buch tief unter der Erde sind, in Wirklichkeit aus Holzgerüsten, Brettern, Ziegeldrahtgewebe, Mörtel und Kalk be-

Seite 20 Eine gelungene Szene ... und danach die wohlverdiente Pause

Arbeitsatmosphäre im Atelier

stehen. Man konnte sehen, woraus die funkelnden Edelsteine gemacht waren, die an den Höhlenwänden glitzern werden. Es sind Löcher in der Dekoration, die mit durchsichtiger farbiger Folie bespannt sind und von hinten angestrahlt werden. Überall standen scheinbar zentnerschwere Krüge und Fässer, randvoll mit Geld.
Scheinbar ist das Wort, das im Atelier für alles zutrifft. Alles, was scheinbar schwer ist, ist leicht, denn es ist aus Kunststoff. Die Fässer und Krüge, die aussehen, als

Scheinwerfer werden eingerichtet.

seien sie voller Münzen, sind leer und nur oben mit Geldstücken, die natürlich auch nicht echt sind, bedeckt.
Das Tollste waren die Spinnweben, die in den Höhlen überall an den Wänden hingen. Die machte ein Maler mit einer Bohrmaschine. Tatsache, mit einer Bohrmaschine! Ein Propeller war aufmontiert und eine Dose, in der sich eine Art Leim, Chemisolkleber, befand. Der Propeller wirbelte ganz feine Leimfäden durch die Luft, die an den Wänden klebenblieben und wie

echte Spinnweben aussahen. Ich hab ihm zugesehen.
So richtig zum Leben erwacht die Halle aber erst, wenn mit lautem Krachen die Scheinwerfer eingeschaltet werden. Fünfzehnmal 10000 W und zwölfmal 20000 W unterstehen dem Kommando des Beleuchtungsmeisters. Er muß bei jeder neuen Einstellung die Szene ausleuchten, d. h. die Scheinwerfer und Lampen so einrichten, daß der Kameramann alles gut sieht, daß keine Schatten die künstlichen Lichtquellen verraten und daß die richtige Lichtstimmung hergestellt wird. Die Beleuchter sind eine eingefuchste Truppe. Sie sprechen ihre eigene Sprache und amüsieren sich, wenn ich wissen will, was Schippen, abgesetzte Tülls, Tuten, Babystativs, Neger und weiße Neger sind. Weiße Neger! So was Verrücktes! Das habe ich aber doch herausgekriegt. Es sind mit weißer bzw. schwarzer Gaze bespannte Rahmen. Man stellt sie so auf, daß das Licht nicht blenden kann.

Hier werden Spinnweben gemacht.
Seite 25
So sehen sie in der Filmszene aus.

Alles Trick

Im Drehbuch unseres Filmes gibt es feuerspeiende Hunde, die die Öfen des Hans Geiz heizen. Es gibt eine Spinne, vor der ich erschrecken muß (da werde ich mir nicht viel Mühe geben müssen!). Es gibt einige Szenen, in denen das Putzmännchen nicht durch Dirx dargestellt werden kann, sondern durch eine Puppe – die Putzmännchenpuppe. Und dann gibt es natürlich den goldenen Taler, der

Die Hunde, die noch kein Feuer speien, der goldene Taler, der noch nicht glänzt

ungeheuer leuchtet und strahlt und der tanzen kann, weil er ja ein Zaubertaler ist.
Gestern haben wir nun die Szene gedreht, in der Anna Barbara den Taler findet. Ich mußte einen Kanten Brot aufbrechen, in dem der Requisiteur vorher den Taler versteckt hatte. Aber der Taler, der da herauskam, glitzerte und leuchtete kein bißchen. Er war voller Brotkrümel und sah ganz unscheinbar aus. Ein Glück, daß die Kamera nur auf meine Hände gerichtet war, denn ich habe bestimmt ein ganz verdrießliches Gesicht gemacht, als es wieder hieß: «Das machen wir mit Trick.»
Genauso die feuerspeienden Hunde. Das sind deutsche Doggen, die sitzen zwar imposant vor dem Ofen, aber wie die nun Feuer speien sollen?
Immer, wenn es so richtig losgeht mit Märchenzauber und Wundern, dann steht im Drehbuch: TRICK!!!... Und ich kann mir darunter nichts vorstellen. Deshalb hat mich der Trickkameramann heute mit ins Trickfilmatelier genommen zu den Animateuren. Das kommt von dem lateinischen Wort animus (belebt), hat er mir erklärt. Animateure machen unbelebte Dinge, Puppen oder gezeichnete Figuren beweglich, sie lassen sie lebendig erscheinen. Das Trickfilmatelier ist die Zauberwerkstatt der DEFA. In den Regalen sitzen Puppen, Kobolde und Tiere, die an frühere Filme erinnern. Die Katze aus «Moritz in der Litfaßsäule» erkenne ich sofort. Die Arbeits-

tische aber beherrscht unser Film. Die Spinne ist schon fertig. Ein gewaltiges Ding, das mit Hilfe von Drähten, die in seinem Bauch verborgen sind, krabbeln kann. Gerade wird die Maus gebaut, die am Ende des Filmes den Taler wegschleppt. Zuerst macht der Puppengestalter eine technische Zeichnung. Dabei ist entscheidend, welche Aufgaben das Tier im Film hat. Unsere Maus muß laufen und den Taler packen können. Deshalb hat das Metallskelett zierliche, aber stabile Füßchen. Und in dem Schaumstoffkopf ist das kräftige Maul gut ausgebildet. Es kann richtig zuschnappen. Wenn das alles funktioniert, bekommt die Maus ihr Fell übergezogen. Natürlich kein Mäusefell, da hätte der Puppengestalter ganz schön Mäuse fangen müssen, denn die Filmmaus wird größer als eine wirkliche Maus. Und wenn der Flickenpelz aus vielen Teilen zusammengesetzt wird, sieht man es vielleicht doch. Deshalb bekommt sie einen Pelz aus Kaninchenfell «Blaue Wiener». Das wirkt aber zu vornehm, darum wird es mit dem Rasierapparat mäusemäßig kurz geschoren.
Ich weiß nicht, ob Putzmännchen Martin die Trickleute vor besondere Probleme gestellt hat, aber ich finde es schon verblüffend, wie er da im Regal neben der Katze sitzt. Ganze 22 cm ist er groß und Dirx wirklich ähnlich. Und so ähnlich wie möglich muß die Puppe dem

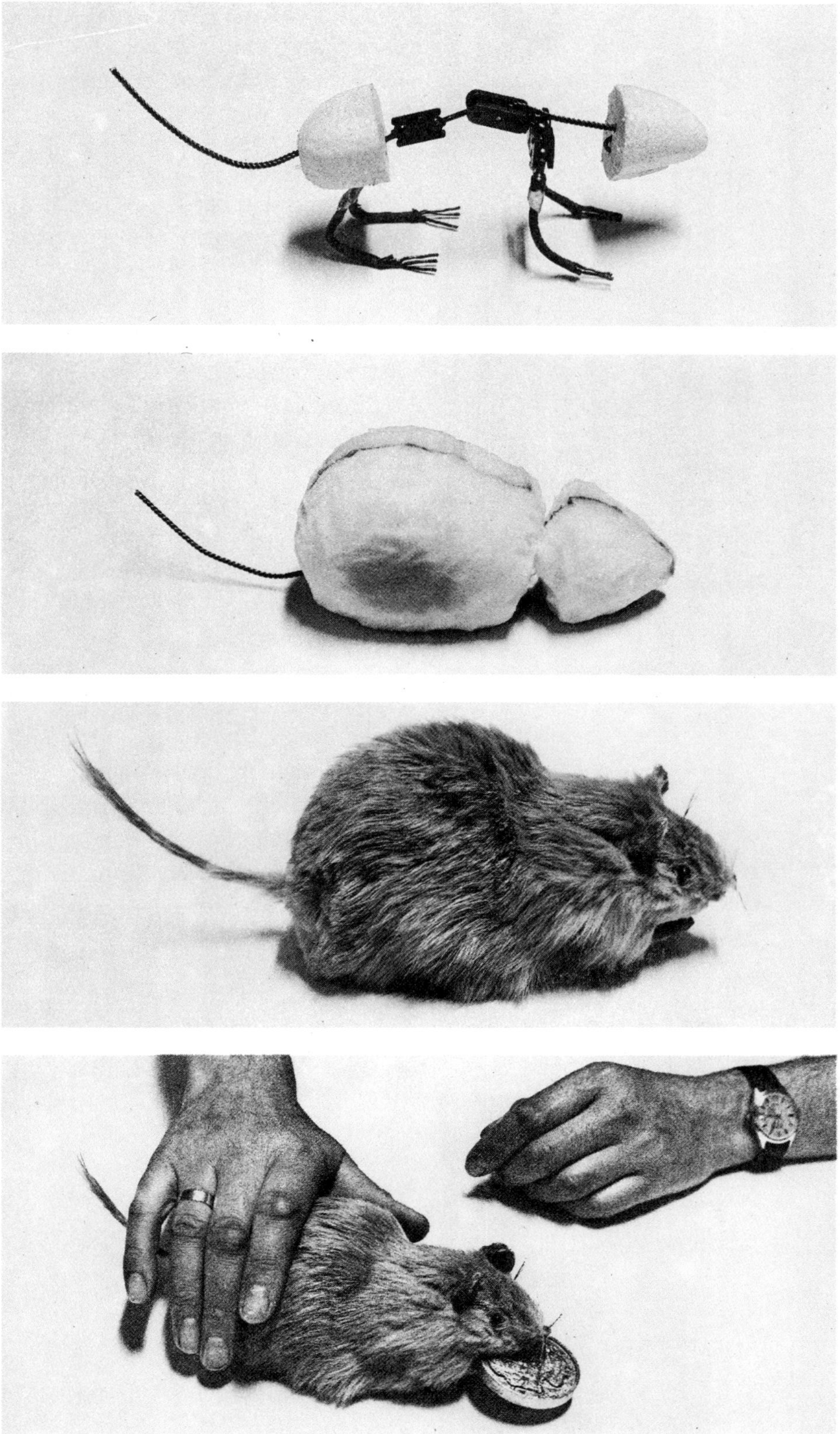

Die Maus wird gebaut.

Der Animator bei der Arbeit, im Vordergrund steht die unbekleidete Putzmännchenpuppe.

wirklichen Putzmännchen, also Dirx, auch sein, weil im Film einer Einstellung mit der Puppe unmittelbar andere folgen, in denen Dirx spielt. Nach Fotos von Dirx wurde eine Figur geformt, von dieser ein Gipsabdruck genommen, d. h. eine Form hergestellt, nach der dann mehrere Exemplare des Putzmännchens entstanden. Sie müssen natürlich die gleichen Kostüme haben wie Dirx. Mehrere Puppen werden deshalb gebraucht, weil eine z. B. für die Flasche präpariert ist. Sie wurde an einem dünnen Metallstab befestigt, der durch den Boden der Flasche geht, so daß der Puppenspieler die Puppe drehen kann. Das sieht dann aus, als ob das Männchen in der Flasche herumwirbelt. Die Gestaltung und das Spielen der Puppen ist aber nur ein Teil der Arbeit der Animateure. Sie zaubern auch mit der Kamera.

Seite 29
Der Spiegeltrick wird gedreht: die Dekoration 7:1

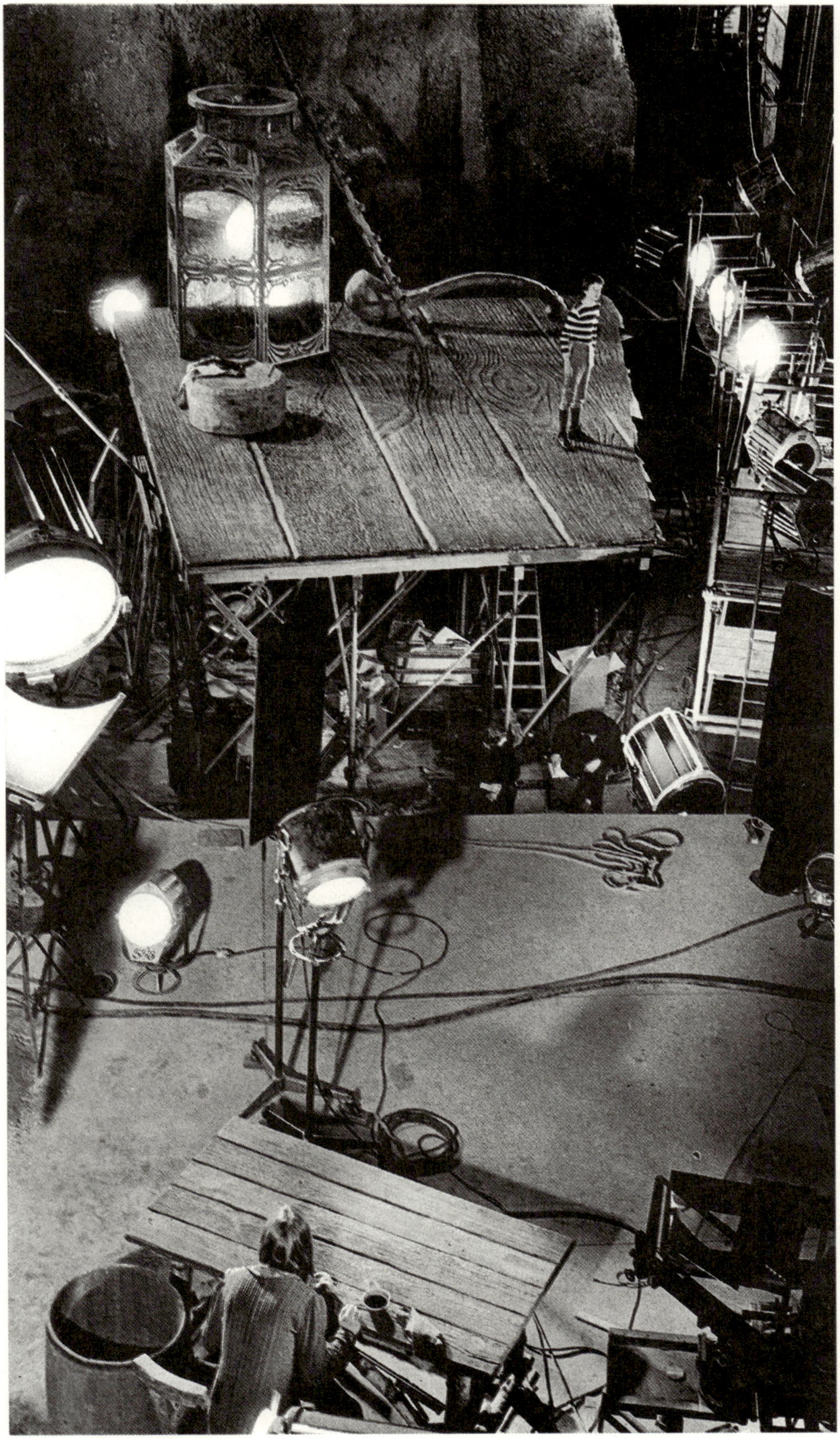

Der Spiegeltrick

Das ist nun perfekte Zauberei! Im Drehbuch steht, daß ich am Tisch sitze und putze, während das Putzmännchen winzig klein auf meinem Tisch um die Putzwasserflasche herumturnt. Dazu hat der Szenenbildner im Studio einen Riesentisch bauen lassen, auf dem eine Riesenflasche steht. Sie ist 3,5 m, also siebenmal so groß wie die wirkliche Flasche. Wenn Dirx neben ihr steht, ist er so klein wie die Puppe Putzmännchen neben der richtigen Flasche, aber wie wir beide nun zusammen auf ein Filmbild kommen sollen, kann ich mir trotzdem nicht vorstellen.
Heute wurde diese Szene gedreht. Ich saß mit meinem Tisch ganz in der Nähe der Kamera. Dazwischen war ein Spiegel, an dem ein Teil des Spiegelbelages abgekratzt war, so daß der Kameramann mich durch das Glas hindurch sehen konnte. Gleichzeitig erfaßte die Kamera das Bild des großen Tisches, der etwa 15 m entfernt war und auf dem Dirx spielte. Ganz verrückt ist, daß durch den Spiegel die Spielfläche mit Dirx vom Kameramann spiegelverkehrt gesehen wird. Um das nun wieder «herumzudrehen», muß Dirx spiegelverkehrt spielen. Das heißt,

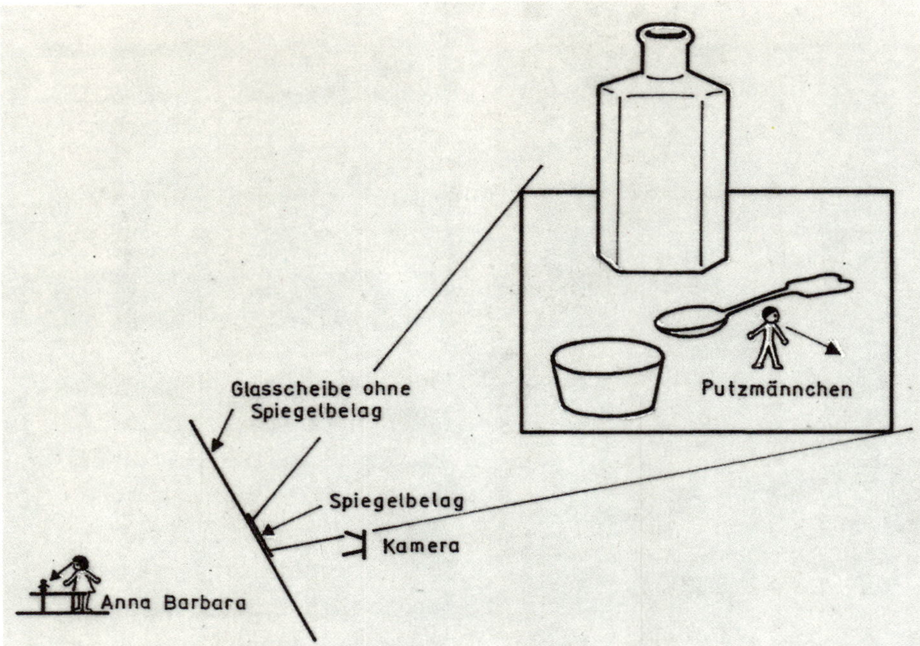

wenn er zu mir blickt, muß er gerade in die andere Ecke schauen. Ich male das mal auf.
Mir hatten sie ein Sandmännchen hingestellt, damit ich wußte, wo ich mir das Putzmännchen vorstellen sollte. Für Dirx auf seinem Riesentisch war alles viel schwerer. Er mußte auf den Zentimeter genau laufen und stehen, sonst hatte ihn der Spiegel und damit die Kamera nicht im Bild. Wenn er sich z. B. zu weit vorbeugte, sah ihn der Kameramann plötzlich ohne Hand oder gar ohne Kopf. Außerdem war er dahinten im Studio auf seinem Tisch ganz allein und mußte doch so spielen, als wäre er dicht bei mir. Damit er wenigstens hören konnte, was ich zu ihm sagte, war unter meinem Tisch ein Mikrofon angebracht.
Jetzt begreife ich, warum selbst die Holzmaserung meines Tisches und die des großen Tisches genau übereinstimmen müssen. So sorgfältig hatten das die Bühnenhandwerker gebaut, so genau richtete der Kameramann sein Objektiv ein. Deshalb müssen wir auch so exakt unsere Positionen einhalten.

Die beiden Einzelbilder und Seite 31 das Ergebnis des Spiegeltricks

Putzmännchen in der Putzwasserflasche

Für mich begannen die Dreharbeiten erst mittags, aber ich fuhr schon früh mit Dirx nach Babelsberg. Ich wollte zuschauen, weil heute eine ganz tolle Szene gedreht werden sollte, die schon lange im Atelier vorbereitet wurde: Putzmännchen, in der Putzwasserflasche schwimmend, wütend im Wasser herumstrampelnd.

Die Putzwasserflasche gibt es dreimal. Erstens die wirkliche Flasche, die Normalgröße. In der kann nur mit der Putzmännchenpuppe gespielt werden. Zweitens gibt es die Riesenflasche auf dem Riesentisch, also die 7:1-Dekoration. In diese Flasche, die 3,5 m groß ist, klettert Dirx mit einer Leiter hinein. Sie ist aus durchsichtiger Folie. Und mit blauer Folie ist das Wasser vorgetäuscht. Drittens gibt es die Flasche als großen, mit Wasser gefüllten Holzbottich, in dem Dirx richtig schwimmen und tauchen kann. In einer Wand ist ein Glasfenster, durch welches die Kamera ihn beobachten wird.
Als wir im Auto saßen, war Dirx kein bißchen aufgeregt. Na, was soll da schon sein? Hineinsteigen wird er und schwimmen. Er fand es albern, daß ich den halben Tag herumstehen und zugucken wollte. Schließlich waren wir viel zu früh im Atelier, denn an Drehbeginn war nicht zu denken. Alle waren an der Flasche versammelt, und die Stimmung war mies, denn das Wasser wurde seit morgens 5 Uhr erwärmt und hatte nun gerade eine Temperatur von 12 °C. Der Regisseur war gereizt, und der Produktionsleiter prüfte eigenhändig die Wassertemperatur. Aber wärmer wurde es davon auch nicht. Inzwischen begannen die Requisiteure mit 50 Flaschen Schaumbad das Wasser blau zu färben. Der Farbton mußte genau mit dem der beiden anderen Flaschen übereinstimmen, denn später im Film werden ja die drei Flaschen als eine erscheinen. Dann stieg noch mal ein Mann im Taucheranzug hinein und richtete die Scheinwerfer, die unter Wasser angebracht waren.
Endlich war die Wassertemperatur auf 19 °C angestiegen. «Das ist zumutbar!» entschied der Produktionsleiter. Knack, knack, knack – wurden die Scheinwerfer eingeschaltet. Mit der Konzentration des Lichtes entstand sofort Arbeitsatmosphäre. Dirx, der fröstelnd im Bademantel herumstand und merkwürdig still war, zog sich aus und stieg auf die Leiter. Er hatte seine Badehose an, denn es sollten Großaufnahmen seines Gesichtes unter Wasser gedreht werden, seinen Putzmännchen-Badeanzug würde

Seite 32
Mit blauem Schaumbad wird das Wasser der Riesenflasche gefärbt.
Probe und …
Filmszene mit dem Putzmännchen

man also ohnehin nicht sehen. Und dann war der ganze Aufwand, die stundenlangen Vorbereitungen umsonst. Ich sah es sofort. Dirx konnte nicht tauchen. Jetzt wußte ich auch, warum er mich nicht dabei haben wollte, warum er so still war. Er hat Angst gehabt vor der Szene, aber er hat gedacht, daß er es irgendwie packen wird. Doch er war vollkommen verkrampft, ließ sich mit angehaltenem Atem, die Backen aufgeblasen, die Augen zugekniffen, auf den Boden der Flasche gleiten. Nach ein paar steifen, hilflosen Bewegungen kam er wieder hoch, schnappte nach Luft und zitterte vor Kälte. Der sollte nun ein Männchen spielen, das sich im Wasser pudelwohl fühlt, und

Drehpause mit dem Schimmel

konnte nicht mal tauchen. Immer wieder wurde probiert. Dirx bemühte sich krampfhaft, die Augen aufzureißen, aber alle hatten es längst begriffen. Der Tag war vertan, das wurde nichts. Da rutschte es mir so raus: «Unter Wasser die Augen aufmachen, das kann doch jedes Kind, also wirklich ...» Als ich den Blick unseres Regisseurs spürte, hätte ich in den Boden versinken können. Ich hatte es gar nicht laut gesagt, aber er hatte es gehört und brach ab. Leise sprach er mit dem Kameramann und sagte dann: «Wir müssen diese Einstellung nächste Woche wiederholen. Es geht so nicht, das Wasser ist zu trübe.» Dabei sah er zu mir herüber, als müsse er verhindern, daß ich noch so eine blöde Bemerkung mache. Ich ging schnell aus dem Atelier, denn ich wußte, daß ich ihn heute mehr enttäuscht hatte als Dirx.

Schimmel Max wurde zu «Unverzagt»

Inzwischen wurde es Frühling, aber wir drehten immer noch Außenszenen mit künstlichem Schnee, mit Schlitten und Schimmel. Ja, jetzt muß ich mal von unserem vierten

Hauptdarsteller, dem Schimmel «Unverzagt», erzählen.
Er hat, wie sich das gehört, seinen eigenen Maskenbildner. Er muß vor allem deshalb geschminkt werden, weil im ganzen Land kein so richtig verhungerter dürrer Schimmel aufzutreiben war.
Unverzagt heißt im Privatleben Max. Er ist 21 Jahre alt und Sachse. Die Requisiteure haben ihn in Dresden ausfindig gemacht, und sie schwören, er sei der magerste Schimmel der DDR. Verhungert und dürr ist er aber auf keinen Fall. Und sein Besitzer hat ihn der DEFA nur unter der Bedingung geliehen, daß er für den Film nicht abhungern muß. Alt ist er allerdings. Deshalb sieht er auch schon ziemlich klapprig aus, aber als Pferd des Hans Geiz nicht klapprig genug. Außerdem wollte der Regisseur gern einen Apfelschimmel, das ist ein Schimmel mit kleinen dunklen Tupfen im Fell, weil das im weißen Schnee schöner aussieht. Deshalb mußte er geschminkt werden.
Er bekommt Rippen eingezogen, sagt der Maskenbildner. Das heißt, seine Rippenknochen, die unter dem Fell zu spüren sind, wurden nachgezeichnet, so daß es aussah, als hätte er kaum Fleisch auf den Rippen. Die Augenhöhlen und die Flanken wurden durch dunkle Schatten vertieft. So sah er wirklich erbärmlich und klapprig aus. Zuletzt bekam er noch dunkle Tupfen wie ein Apfelschimmel. Dazu wurde ein besonders hautfreundlicher dunkler Puder verwendet, denn Pferde sind empfindlich.
Nicht auszudenken, was aus unserem Film würde, wenn er von der Schminke plötzlich kahle Stellen im Fell bekäme.
Max hatte im Prinzip nichts gegen das Schminken. Er stand geduldig still und ließ es sich gefallen, daß lange und sorgfältig an ihm herumgeputzt und gepudert wurde. Er hat sich schnell an das Leben als Filmstar gewöhnt. Immerhin dauerte seine Maske eine halbe Stunde, jedenfalls länger als meine. Unser Regisseur hatte sich ausgedacht, daß Max eine schwarze Augenklappe tragen soll. Dafür gibt es zwei Gründe. Erstens ist Max auf einem Auge blind. Und das blinde Auge sah merkwürdig tot aus, was die Kinder vielleicht erschrecken könnte.
Na, und zu Hans Geiz paßt natürlich ein Pferd, das nicht nur halbverhungert, sondern auch halbblind ist. Alle können Max gut leiden. Als «Unverzagt» sieht er so richtig lieb und leidend aus. Trotzdem halte ich lieber Abstand – Pferde sind so groß.

Was leicht aussieht, ist manchmal schwer

Mit Maxens Hilfe hatten wir bis Mittag alles planmäßig geschafft, und der Regisseur rief: «Gestorben!» Das bedeutet, daß die Einstellung nicht wiederholt werden muß. Dieses Stichwort entzaubert alles. Die Scheinwerfer gehen aus, die Kamera wird abgebaut, alle laufen durcheinander. Jeder packt seine Arbeitsutensilien ein. Und in wenigen Minuten sieht der Drehort so aus, als sei hier nie etwas passiert.
Auf der «Dispo», so nennen die Filmleute den Tagesplan, standen nur noch zwei kleine Einstellungen: Anna Barbara stürzt sich auf einen Taler, der einem Betrunkenen herunterfällt, und die zweite Einstellung, die das Auge des mit Schnee bedeckten Schimmels zeigen soll. Wirklich zwei Kleinigkeiten. Ich habe loszurennen und an einer bestimmten Stelle hinzufallen. «Achtung, wir drehen!», «Kamera läuft», «Klappe 49, die erste». Der Regisseur gibt das Startzeichen: «Bitte!» Ich rannte los, fixierte den vereinbarten Punkt an, sprang, ließ mich hinfallen und spürte im nächsten Moment meine Knie. Schließlich spielt die Szene auf Kopfsteinpflaster und in Schneematsch. Beim nächsten Mal versuchte ich, mich mit den Händen abzufangen. «Das war wohl nichts», bemerkte der Kameramann trocken. Das dritte Mal hatte ich zu wenig Tempo, spielte angestrengt «stolpern», wieder nichts. Kaum zu fassen, wie schwer es ist, hinzufallen, wenn man schon weiß, daß es weh tut. «Hinfallen, das kann doch jedes Kind, genauso wie tauchen», sagte unser Regisseur leise, nur so für sich. Es war das

erste Mal, daß er das wieder erwähnte. Ich merkte, daß ich rot wurde, vor Wut natürlich. Da kam das Kommando: «49, die vierte!» Verbissen rannte ich los, hechtete, ließ mich fallen, spürte nur noch meine Knie und das Pflaster und blieb erst einmal liegen. «Gestorben, danke!» hörte ich von hinten, von der Kamera her, und rappelte mich vorsichtig auf. Also ehrlich, noch mal hätte ich's bestimmt nicht geschafft. Übrigens hat auch Dirx das Tauchen inzwischen gepackt. Unser Regisseur ist mit ihm allein in die Schwimmhalle gegangen, und am nächsten Tag hat er's dann mit Bravour gedreht. Jedenfalls haben wir beide noch keine Einstellung verpatzt, aber Max schaffte das an diesem Tag. Es war die Szene mit dem Auge. Als erstes mußte der Schimmel umgelegt werden. Dazu war ein Tierarzt mit Helfern da. Die können das, denn bei Behandlungen müssen Pferde oft «gelegt» werden. Um jedes Fußgelenk wird eine Lederschlinge gelegt, dann werden alle vier Beine mit einem Ruck zusammen- und weggezogen, und das Pferd fällt um. Max regte sich mächtig auf, obwohl ihm eigentlich gar nichts passierte. Er hatte auch Angst vorm Hinfallen. Das konnte ich verstehen. Als er endlich lag und die Männer ihn festhielten und beruhigten, wurde der künstliche Schnee um seinen Kopf herum gestreut, feines weißes Pulver war es dieses Mal. Die Kamera war eingerichtet. Nun hätte gedreht werden können. Da kniff Max das Auge zu und machte es nicht wieder auf. Es war Wind aufgekommen, so daß Max Schneepulverstaub ins Auge bekommen hatte. Schlau, wie er war, schützte er sich, indem er das Auge zukniff. Der Tierarzt reinigte es mit Borwasser, die Helfer versuchten mit Schnalzen und «pst, pst, pst» Geräusche zu machen, bei denen Pferde normalerweise die Ohren spitzen und die Augen aufreißen. Max aber machte den Eindruck, als hätte er sich, da er nun einmal lag, auf ein Schläfchen eingerichtet. Und dabei blieb es auch. Transport des Pferdes, Einrichten des Drehortes, Tierarzt – alles umsonst, Max spielte nicht mit. So wurde er schließlich entfesselt und losgelassen. Sofort sprang er auf, schüttelte sich erleichtert und blickte mit weit offenem Auge interessiert auf den verdrossenen Drehstab.
«Der traut sich was!» brummte der Kameramann.

Die Behausung des Hans Geiz

Heute drehten wir wieder im Atelier – die Behausung des Hans Geiz. Für diese Dekoration mußten die Requisiteure wochenlang all den Krimskrams zusammensuchen, den Hans Geiz in der ganzen Welt gesammelt hat.
Seine Behausung ist ein Warenhaus der Kuriositäten mit verschiedenen Abteilungen. Und wenn auch im Drehbuch schon einiges vorgeschlagen wurde, so staunten wir doch alle, was die Requisiteure mit Phantasie und Findigkeit zusammengetragen hatten. Nur um das technische Kabinett zu gestalten, in dem alte Maschinen – von der Nähmaschine bis zum Autowrack – versammelt sind, schleppten sie den Schrott des gesamten Betriebsgeländes der DEFA herbei.
An der Behausung arbeiteten zehn Requisiteure eine Woche. 300 Zettel schrieben sie, denn Hans Geiz hat Fundort und das Fundjahr seiner Raritäten genau festgehalten. Vor ein besonderes Problem wurden sie durch die ekligen vergammelten Lebensmittel gestellt, die Hans Geiz ja mit Genuß verzehrt, was aber dem Schauspieler nicht zugemutet werden kann und ihm auch schlecht bekommen würde. Der Versuch mit einigen verfaulten Kohlköpfen zeigte, daß es im Atelier nach einigen Tagen mächtig stank. So halfen sie sich schließlich mit einer Mischung aus falschen, d. h. aus Kunststoff nachgestalteten Speisen, die «auf alt» präpariert wurden, und einigen echten, die der Schauspieler wirklich essen konnte. Knochen wurden aus Persipan gemacht. Ein Bilderrahmen, den er anknabbert,

Seite 36
Der Schimmel wird «gelegt».

In der Behausung des Hans Geiz

wurde aus Brotteig gebacken. Die Speckschwarte, an der er genüßlich leckt, wird mit Mehl und Gewürzen «verschimmelt». Requisiteur ist ein richtig interessanter Beruf. Da kann man suchen, kramen und auch erfinden. Zum Beispiel die Grütze in dem Näpfchen, das Hans Geiz Anna Barbara gegeben hat. In der siebenfachen Vergrößerung für das Spiel des Putzmännchens wurde das Näpfchen zu einem Riesentrog mit einem halben Meter Durchmesser. Also mußte auch jedes einzelne Grützkorn im Verhältnis dazu vergrößert werden. Die Requisiteure nahmen Puffmais, der mit Leimbrühe zu einem klebrigen Brei verarbeitet wurde. Bloß gut, daß wir das Zeug nicht essen mußten.

Ein Hotel aus Holz und Pappe

Nachdem Anna Barbara dem Hans Geiz zwei Jahre gedient hat, macht er mit ihr eine Reise in ein Luxushotel, um ihr zu zeigen, wie der Besitzer des goldenen Talers in der großen Welt auf die Menschen wirkt. An diesem Hotel wurde seit vielen Wochen gebaut, ein ganzes großes Haus entstand im Atelier. Nach den Entwürfen des Szenenbildners wurde die Eingangshalle mit Rezeption, Spiegeln und Palmen, der Speisesaal mit prächtigen Säulen und hohen Fenstern, die Straße vor den Fenstern mit der gegenüberliegenden Häuserfront von den Bühnenhandwerkern, Dekorateuren und Malern aus Holz, Gips und Kunststoffen nachgebildet.
Dabei mußte der Szenenbildner vorher mit dem Regisseur und dem Kameramann genau besprechen, was die Kamera «im Bild» haben will, denn nur das wird gebaut. So hat unser Hotel nur eine Etage, unmittelbar über den Fenstern ist es zu Ende. Da ist schon die Beleuchterbrücke mit den Scheinwerfern. Dagegen wird die Häuserfront gegenüber als Totale ge-

So sah unser Filmhotel wirklich aus.

Eine ganze Straße wurde im Atelier gebaut.

braucht und muß deshalb höher werden.
Als endlich alles fertig war, sah es wunderschön aus. Die Straße hatte Laternen, Schaufenster, sogar richtiges Kopfsteinpflaster. Das Hotel hatte Parkettfußboden, Marmorwände, Spiegel und Samtsofas, eben wie ein richtiges tolles Hotel. Natürlich hätte man auch in einem Originalhotel drehen können. Aber die Produktionsleiter wissen, daß es viel teurer ist, ein Hotel zu mieten, als eine Hotelkulisse zu bauen.
Schon lange hatte sich Anna Barbara darauf gefreut, endlich aus den Höhlen heraus, in die Welt der feinen Leute zu kommen. Hans Geiz glaubt, mit Geld alles kaufen zu können – auch die Bewunderung und die Liebe des Mädchens. Und tatsächlich: Das Hotelpersonal eilt dienstbeflissen herbei, und die vornehmen Gäste begrüßen ihn ehrfürchtig, als er den Taler blinken läßt. Auch Anna Barbara bewundert den prächtigen Weihnachtsbaum, den Aufmarsch der Köche und Kellner, die Kuchen, Torten und die Schokoladenweihnachtsmänner, denn sie hofft, endlich auch ein herrliches Essen zu bekommen. Hans Geiz jedoch bestellt, nachdem er die Speisekarte gründlich studiert hat, – ein Glas Wasser.
Anna Barbara versteht, daß er unfähig geworden ist, die schönen Dinge zu genießen und jemandem eine Freude zu machen. Sie aber nimmt heimlich für Martin einen Schokoladenweihnachtsmann mit.

Seite 41
Hans Geiz als großer Herr in der Welt der Reichen

Gespräch zwischen dem Regisseur und seinen Hauptdarstellern

Seite 42
Der Höhepunkt des Festes im Hotel – Hans Geiz tanzt mit Anna Barbara.

Max spielt nicht mehr mit

Heute war unser letzter großer Außendrehtag. Die Schlußszene: Anna Barbara und der endlich entzauberte Martin verlassen zusammen mit dem Schimmel «Unverzagt» Hans Geiz. Während sie sich küssen, fällt der Taler herunter, und eine Maus schleppt ihn weg. Anna Barbara und Martin merken das nicht einmal. Glücklich gehen sie zusammen in die Welt der Menschen zurück.
Darüber haben wir lange diskutiert. Schließlich, finde ich, hat Anna Barbara für den Taler drei Jahre lang hart arbeiten müssen, und nun könnte sie alles kaufen, was sie sich wünscht. «Eigentlich», sage ich, «ich meine, in Wirklichkeit kann

64 007

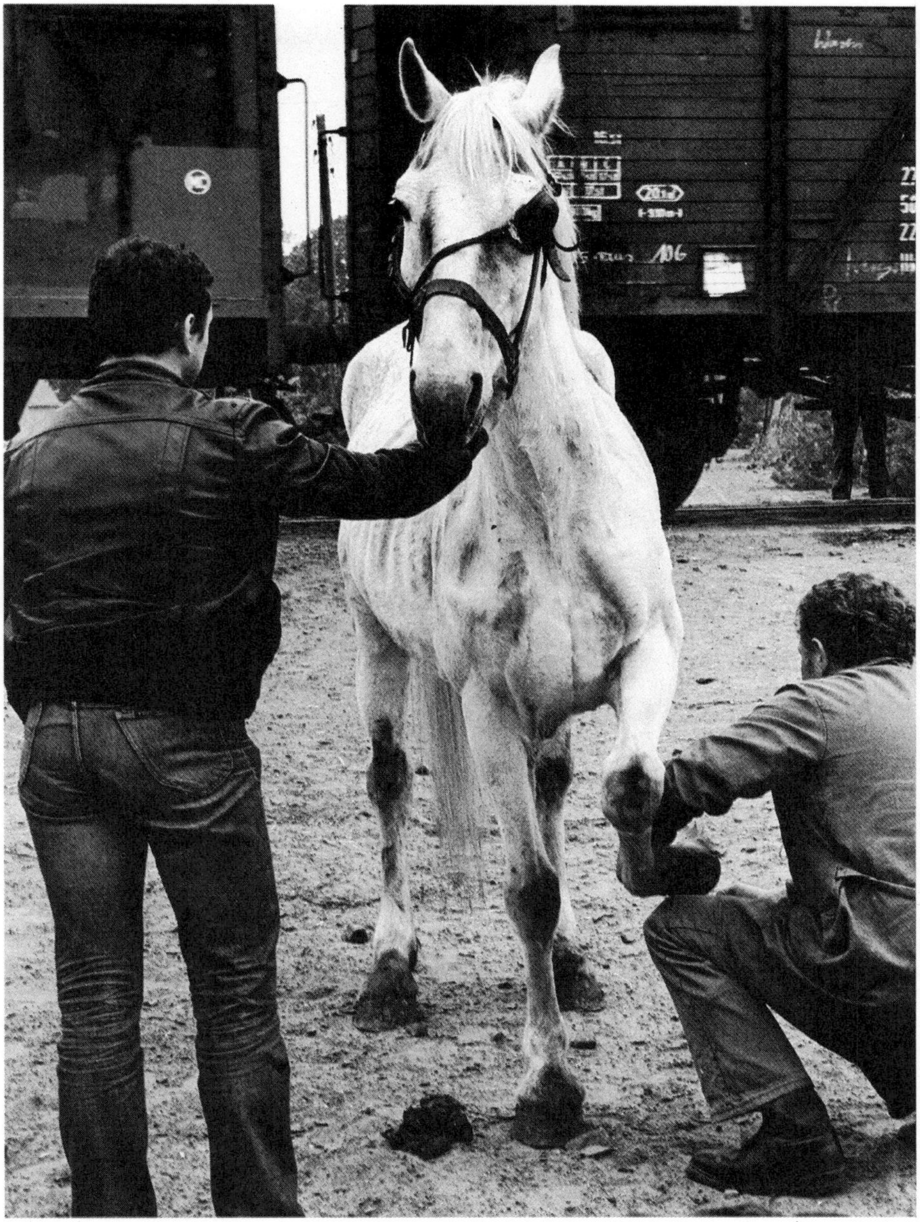

Unser schwierigster Darsteller

Seite 44
Das größte Requisit des Films – eine alte Lok
Ein Pyrotechniker mit der Rauchpfanne

man nur von der Liebe, ganz ohne Geld, auch nicht leben.»
Unser Regisseur sieht das so: Für Fallada, dem es in seinem Leben oft schlecht ging, und für die Kinder seiner Zeit, die hungerten und bittere Not litten, war es ein schönes Märchen, mit einem goldenen Taler immer einen gedeckten Tisch, Kleidung und eine Wohnung zaubern zu können. Dafür brauchen wir heute keine Zaubertaler.
«Aber», widerspreche ich, «mir fallen schon eine Menge Sachen ein, die ich mir zaubern würde!» Ich denke dabei an rote Stiefelchen, Jeans, ganz tolle Platten, ein Moped…
«Ja, und dann», fragt unser Regisseur, «wenn du das alles hast und so allein bist wie Hans Geiz? Er hat Anna Barbara mit all seinen Reichtümern nicht gewinnen können, und er bleibt trotz seines vielen Geldes einsam und allein zurück. Unser Film soll doch zum Nachdenken anregen. Sind nicht Verständnis und Hilfsbereitschaft, Mitleid und Liebe wichtiger als das Zusammenraffen von Geld und Besitz?»
So ungefähr hat er's erklärt, und ich denke schon, daß er recht hat. Wahrscheinlich sind tolle Klamotten wirklich nicht so wichtig.
Nach dieser letzten Diskussion um den Schluß unserer Geschichte mußten wir ihn «nur» noch drehen. Die Lok war geputzt, der Schimmel geschminkt. Die Klappe konnte fallen. Die erste Einstellung: Wir gehen, der Schimmel zwischen uns, die Lok kommt. Ich winke dem Lokführer. Es klappte einigermaßen, weil Dirx den «Unverzagt» wirklich gut im Griff hatte. Dann kam der Kuß. Wir hatten uns ja nun inzwischen daran gewöhnt, daß alle zuguckten. Außerdem war ein ganz kleiner Kinderfilmkuß geplant. Nur… wir kamen gar nicht zum Küssen: Als hinter uns der

Zug vorbeifuhr, bekam es Max mit der Angst zu tun und riß seinen Kopf, vor dem wir uns küssen sollten, zur Seite. Immer wieder versuchten wir's. Jedesmal das gleiche. Der Zug kommt, Max springt zur Seite. Einmal hat er mich fast umgerannt, dann die Kamera. Der Pferdepfleger versuchte, ihm die Lok zu zeigen, führte ihn heran, erklärte ihm alles. Es half nichts.

Wenn der Zug hinter ihm auftauchte, hatte er Angst. Dann kamen die Pfleger auf die Idee, Max einen Fuß hochzuheben, so daß er nicht weg kann. Und wir brauchten ja für die Einstellung nur seinen Kopf. Das ging schon gar nicht. Als der Zug kam, warf Max den Mann, der den Fuß hielt, mit einem Ruck zur Seite. Da entschied der Regisseur: Wir machen es nur mit Rauch.

Das ist das Schlußbild des Films. Anna Barbara und der Junge Martin kehren zurück in die Welt der Menschen.

Der Zug ist bereits vorbei, man sieht ihn in der vorigen Einstellung. Jetzt ist nur noch der Dampf der Lok im Bild.

Aber auch bei dieser Idee hatte er nicht mit Max gerechnet. Der hatte sich nun so richtig schön aufgeregt, und als die Pyrotechniker, das sind die Leute, die für alle Arten von Dampf, Feuer, Rauch und Nebel zuständig sind, plötzlich stinkenden schwarzen Qualm aufziehen ließen, entsetzte sich Max aufs neue. Jetzt mußte der Pfleger Max erst wieder mit dem Rauch vertraut machen. Der hatte sich inzwischen verzogen. Max hing vor Überdruß schon die Zunge heraus, und der Regisseur schimpfte auf den «verdammten Gaul». Für diese Einstellung, die im Film wenige Sekunden dauert, brauchten wir fast zwei Stunden. Wir drehten sie neunmal, bis es endlich klappte, und unser Kuß war dabei das Unwichtigste.

Ob ich wirklich gut war?

In wenigen Tagen ist unser Film abgedreht, die Schlußklappe wird geschlagen. Verrückt ist, daß bei der letzten Klappe alles auf dem Kopf steht – die Ziffern und alle anderen Angaben auch.
Alle sind ein bißchen traurig, wenigstens die Kollegen, die bei den Dreharbeiten jeden Tag zusammen waren.
Für andere Mitarbeiter – die Schnittmeisterin, den Komponisten, die Geräuschemacher, den Mischtonmeister – beginnt die Arbeit erst nach dem letzten Drehtag. Auch der Regisseur wird noch lange an dem Film arbeiten. Er wählt aus den vielen gedrehten Filmmetern die Einstellungen aus, die die Schnittmeisterin dann montiert, d. h. aneinanderklebt. So entsteht erst am Schneidetisch der endgültige Film. Dann wird synchronisiert, d. h., die Schauspieler sprechen ihre Texte noch einmal im Tonstudio. Es werden Geräusche, wie Pferdegetrappel, Schritte, Hundebellen usw., aufgenommen und diese dann mit der Musik «gemischt».
Und wenn ich längst wieder bei Tuzek Mathe büffele, werden im Kopierwerk von dem Film mehrere Kopien hergestellt.
Heute hat mich der Regisseur gefragt, ob ich nun Schauspielerin werden möchte. Da hab' ich lange überlegt. Denn bei den Dreharbeiten habe ich viele interessante Berufe kennengelernt: Szenenbildner, Kostümbildner, Animator, Requisiteur – das alles würde ich wirklich gern werden, aber Schauspielerin...? Ich weiß nicht...!
In diesen Beruf habe ich ja eigentlich nur ein bißchen reingerochen. Auf jeden Fall weiß ich jetzt, daß das tolle Aussehen dabei nicht das Wichtigste ist. Es kommt vor allem darauf an, wie man das ausdrücken kann, was man denkt und fühlt. Und ob ich das immer geschafft habe?
Nein, ich glaube, Schauspielerin werde ich nicht!
Trotzdem... Spaß hat's gemacht, auch wenn's manchmal ganz schön hart war.

Schlußklappe

Wir danken dem Schöpferkollektiv
des Filmes «Die Geschichte
vom goldenen Taler»
nach der gleichnamigen Erzählung
von Hans Fallada, ein Film
des Fernsehens der DDR,
hergestellt im DEFA-Studio für
Spielfilme.

Regie: Bodo Fürneisen
Autoren:
Manfred Freitag/Joachim Nestler
Kamera: Eberhard Borkmann
Szenenbild: Georg Kranz
Trick und Animation:
Kurt Marks/Erich Günther
Produktionsleitung:
Heinz Herrmann

Die Hauptrollen spielten:
Antje Straßburger (Anna Barbara)
Rainer Heise (Hans Geiz)
Dirx Brennemann (Putzmännchen)

Foto Seite 31
Jochen Zillmer
Zeichnungen Seite 12
Günther Pohl,
Seite 30
Heidi Sott

ISBN 3-7302-0019-4

1. Auflage
Druckgenehmigungsnummer: 715/18/87
LSV: 7832
Printed in the German Democratic Republic
Gesamtherstellung:
Grafischer Großbetrieb Sachsendruck Plauen
Bestellnummer: 683 578 3
Lektor: Marita Wetzstein
Buchgestaltung: Christine Petzak
Für Leser von 9 Jahren an
01050

!!!!!

Termin nicht vergessen!

Eigentlich macht mir das Filmen SPASS!

Das war also der Filmkuß, vor dem ich solche ANGST hatte!